JANUARY
M T W T F S S
      1 2 3 4 5
6 7 8 9 10 11 12
13 14 15 16 17 18 19
20 21 22 23 24 25 26
27 28 29 30 31

FEBRUARY
M T W T F S S
            1 2
3 4 5 6 7 8 9
10 11 12 13 14 15 16
17 18 19 20 21 22 23
24 25 26 27 28

MARCH
M T W T F S S
            1 2
3 4 5 6 7 8 9
10 11 12 13 14 15 16
17 18 19 20 21 22 23
24 25 26 27 28 29 30
31

APRIL
M T W T F S S
  1 2 3 4 5 6
7 8 9 10 11 12 13
14 15 16 17 18 19 20
21 22 23 24 25 26 27
28 29 30

MAY
M T W T F S S
      1 2 3 4
5 6 7 8 9 10 11
12 13 14 15 16 17 18
19 20 21 22 23 24 25
26 27 28 29 30 31

JUNE
M T W T F S S
            1
2 3 4 5 6 7 8
9 10 11 12 13 14 15
16 17 18 19 20 21 22
23 24 25 26 27 28 29
30

JULY
M T W T F S S
  1 2 3 4 5 6
7 8 9 10 11 12 13
14 15 16 17 18 19 20
21 22 23 24 25 26 27
28 29 30 31

AUGUST
M T W T F S S
        1 2 3
4 5 6 7 8 9 10
11 12 13 14 15 16 17
18 19 20 21 22 23 24
25 26 27 28 29 30 31

SEPTEMBER
M T W T F S S
1 2 3 4 5 6 7
8 9 10 11 12 13 14
15 16 17 18 19 20 21
22 23 24 25 26 27 28
29 30

OCTOBER
M T W T F S S
    1 2 3 4 5
6 7 8 9 10 11 12
13 14 15 16 17 18 19
20 21 22 23 24 25 26
27 28 29 30 31

NOVEMBER
M T W T F S S
          1 2
3 4 5 6 7 8 9
10 11 12 13 14 15 16
17 18 19 20 21 22 23
24 25 26 27 28 29 30

DECEMBER
M T W T F S S
1 2 3 4 5 6 7
8 9 10 11 12 13 14
15 16 17 18 19 20 21
22 23 24 25 26 27 28
29 30 31

2025

| MON | TUE | WED | THU | FRI | SAT | SUN |
DYDD LLUN	DYDD MAWRTH	DYDD MERCHER	DYDD IAU	DYDD GWENER	DYDD SADWRN	DYDD SUL
NOTES		1 NEW YEAR'S DAY	2 NEW YEAR HOLIDAY (SCOTLAND)	3	4	5
6	7	8	9	10	11	12
13	14	15	16	17	18	19
20	21	22	23	24	25	26
27	28	29 LUNAR NEW YEAR (SNAKE)	30	31	NOTES	

JANUARY | IONAWR

MON DYDD LLUN	TUE DYDD MAWRTH	WED DYDD MERCHER	THU DYDD IAU	FRI DYDD GWENER	SAT DYDD SADWRN	SUN DYDD SUL
NOTES					1	2
3	4	5	6	7	8	9
10	11	12	13	14 VALENTINE'S DAY	15	16
17	18	19	20	21	22	23
24	25	26	27	28 RAMADAN BEGINS	NOTES	

FEBRUARY | CHWEFROR

MON DYDD LLUN	TUE DYDD MAWRTH	WED DYDD MERCHER	THU DYDD IAU	FRI DYDD GWENER	SAT DYDD SADWRN	SUN DYDD SUL
NOTES					1 ST. DAVID'S DAY	2
3	4 SHROVE TUESDAY	5	6	7	8 INTERNATIONAL WOMEN'S DAY	9
10	11	12	13	14	15	16
17 ST. PATRICK'S DAY	18	19	20	21	22	23
24 / 31	25	26	27	28	29	30 MOTHER'S DAY (UK) & DAYLIGHT SAVING TIME STARTS

MARCH | MAWRTH

MON DYDD LLUN	**TUE** DYDD MAWRTH	**WED** DYDD MERCHER	**THU** DYDD IAU	**FRI** DYDD GWENER	**SAT** DYDD SADWRN	**SUN** DYDD SUL
NOTES	1	2	3	4	5	6
7	8	9	10	11	12 PASSOVER BEGINS	13
14	15	16	17	18 GOOD FRIDAY	19	20 EASTER SUNDAY
21 EASTER MONDAY	22	23 ST. GEORGE'S DAY	24	25	26	27
28	29	30	NOTES			

APRIL | EBRILL

MON DYDD LLUN	TUE DYDD MAWRTH	WED DYDD MERCHER	THU DYDD IAU	FRI DYDD GWENER	SAT DYDD SADWRN	SUN DYDD SUL
NOTES			1	2	3	4
5 EARLY MAY BANK HOLIDAY	6	7	8	9	10	11
12	13	14	15	16	17	18
19	20	21	22	23	24	25
26 SPRING BANK HOLIDAY	27	28	29	30	31	NOTES

MAY | MAI

MON DYDD LLUN	TUE DYDD MAWRTH	WED DYDD MERCHER	THU DYDD IAU	FRI DYDD GWENER	SAT DYDD SADWRN	SUN DYDD SUL
NOTES						1
2	3	4	5	6	7	8
9	10	11	12	13	14	15 FATHER'S DAY (UK)
16	17	18	19	20	21	22
23 / 30	24	25 ISLAMIC NEW YEAR BEGINS	26	27	28	29

JUNE | MEHEFIN

MON DYDD LLUN	TUE DYDD MAWRTH	WED DYDD MERCHER	THU DYDD IAU	FRI DYDD GWENER	SAT DYDD SADWRN	SUN DYDD SUL
NOTES	1	2	3	4	5	6
7	8	9	10	11	12	13
14 BANK HOLIDAY (NORTHERN IRELAND)	15	16	17	18	19	20
21	22	23	24	25	26	27
28	29	30	31	NOTES		

JULY | GORFFENNAF

MON DYDD LLUN	**TUE** DYDD MAWRTH	**WED** DYDD MERCHER	**THU** DYDD IAU	**FRI** DYDD GWENER	**SAT** DYDD SADWRN	**SUN** DYDD SUL
NOTES				1	2	3
4 SUMMER BANK HOLIDAY (SCOTLAND)	5	6	7	8	9	10
11	12	13	14	15	16	17
18	19	20	21	22	23	24
25 SUMMER BANK HOLIDAY (ENG, NIR, WAL)	26	27	28	29	30	31

AUGUST | AWST

MON DYDD LLUN	TUE DYDD MAWRTH	WED DYDD MERCHER	THU DYDD IAU	FRI DYDD GWENER	SAT DYDD SADWRN	SUN DYDD SUL
1	2	3	4	5	6	7
8	9	10	11	12	13	14
15	16	17	18	19	20	21 INTERNATIONAL DAY OF PEACE (UNITED NATIONS)
22 ROSH HASHANAH (JEWISH NEW YEAR) BEGINS	23	24	25	26	27	28
29	30	NOTES				

SEPTEMBER | MEDI

MON DYDD LLUN	TUE DYDD MAWRTH	WED DYDD MERCHER	THU DYDD IAU	FRI DYDD GWENER	SAT DYDD SADWRN	SUN DYDD SUL
NOTES		1 YOM KIPPUR BEGINS	2	3	4	5
6	7	8	9	10 WORLD MENTAL HEALTH DAY	11	12
13	14	15	16	17	18	19
20 DIWALI	21	22	23	24	25	26 DAYLIGHT SAVING TIME ENDS
27	28	29	30	31 HALLOWEEN	NOTES	

OCTOBER | HYDREF

MON DYDD LLUN	TUE DYDD MAWRTH	WED DYDD MERCHER	THU DYDD IAU	FRI DYDD GWENER	SAT DYDD SADWRN	SUN DYDD SUL
NOTES					1	2
3	4	5 GUY FAWKES NIGHT	6	7	8	9 REMEMBRANCE SUNDAY
10	11	12	13	14	15	16
17	18	19	20	21	22	23
24	25	26	27	28	29	30 ST. ANDREW'S DAY

NOVEMBER | TACHWEDD